2.

3.

4.

5.

6.

7.

8.

9.

10.

11.

12.

13.

14.

15.

16.

17.

18.

Quem é Rafael Vitorino? Um Incansável Defensor dos Direitos

Especialista em Direito Tributário e Pai de um Filho Autista, Rafael Vitorino se destaca como um dos maiores defensores dos direitos das pessoas com autismo no Brasil. Sua trajetória inspirada e atuação multifacetada o coloca como referência na luta por uma sociedade mais justa e inclusiva.

Ex Auditor Fiscal Tributário Concursado e Pós-Graduado em Direito Tributário pelo CEJUS da Universidade Cândido Mendes, Rafael Vitorino possui um profundo conhecimento da legislação brasileira e sua aplicação prática, o que o torna um especialista requisitado em questões tributárias relacionadas ao autismo. Sua expertise contribuiu para a elaboração da Cartilha de Direitos dos Autistas da Ordem dos Advogados do Rio de Janeiro, garantindo maior acesso à informaÃ§Ã£o e proteÃ§Ã£o aos direitos dessa populaÃ§Ã£o.

Autor dos livros "Direito TributÃ¡rio para Autistas", "Autismo em FamÃlia", "Autismo em Dobro" e "Do InvisÃvel ao InvencÃvel", Rafael Vitorino compartilha seu conhecimento e experiÃªncias com o pÃºblico de forma clara e acessÃvel, desmistificando o autismo e empoderando famÃlias e indivÃduos na busca por seus direitos. Seus livros sÃ£o oferecidos ferramentas Ãºteis para quem busca compreender o autismo em suas diversas nuances e navegar pelos desafios do dia a dia.

O Fundador do Instituto Nacional de Direitos da Pessoa com DeficiÃªncia Oceano Azul e vice-presidente da instituiÃ§Ã£o, Rafael Vitorino atua diretamente na defesa dos direitos das pessoas com deficiÃªncia, promovendo polÃticas pÃºblicas e aÃ§Ãµes que garantem sua inclusÃ£o social. Sua lideranÃ§a inspirada e compromisso com a causa sÃ£o reconhecidos por toda a comunidade.

Pai de Benjamin, um filho autista de 5 anos, Rafael Vitorino transcende a esfera profissional e se torna um exemplo de amor, dedicaÃ§Ã£o e forÃ§a para outras famÃlias que enfrentam os desafios do autismo. Sua experiÃªncia como pai o aproxima ainda mais da causa e o motiva a lutar por um futuro mais promissor para todas as pessoas com autismo.

Delegado da ComissÃ£o Especial do Autista e Familiar da OAB de NiterÃ³i e ex-Auditor Fiscal do MunicÃpio de Japeri, Rafael Vitorino coloca sua expertise na prÃ¡tica, atuando diretamente na defesa dos direitos das pessoas com autismo em diferentes frentes. Sua atuaÃ§Ã£o incansÃ¡vel contribui para a construÃ§Ã£o de uma sociedade mais justa e inclusiva.

Colunista do Jornal Circuito Aberto News e autor de diversas aÃ§Ãµes civis pÃºblicas contra planos de saÃºde no Ã¢mbito federal, beneficiando mais de 100.000 pacientes, Rafael Vitorino utiliza sua voz para denunciar injustiÃ§as e lutar pelas mudanÃ§as no sistema de saÃºde. Sua atuaÃ§Ã£o combativa garante o acesso a serviÃ§os essenciais para pessoas com autismo, grÃ¡vidas, pessoas com cÃ¢ncer e doenÃ§as raras.

Rafael Vitorino: Um Guerreiro IncansÃ¡vel na Luta pelos Direitos das Pessoas com Autismo. Sua histÃ³ria inspiradara e atuaÃ§Ã£o exemplar o coloca como um sÃmbolo de esperanÃ§a e transformaÃ§Ã£o para toda a comunidade. Sua forÃ§a, perseveranÃ§a e otimismo demonstram que, com amor, apoio e conhecimento, Ã© possÃ-vel superar obstÃ¡culos e construir um futuro mais positivo para pessoas com autismo.

Fiscal do MunicÃpio de Japeri, Rafael Vitorino coloca sua expertise na prÃ¡tica, atuando diretamente na defesa dos direitos das pessoas com autismo em diferentes frentes. Sua atuaÃ§Ã£o incansÃ¡vel contribui para a construÃ§Ã£o de uma sociedade mais justa e inclusiva.

Colunista do Jornal Circuito Aberto News e autor de diversas aÃ§Ãµes civis pÃºblicas contra planos de saÃºde no Ã¢mbito federal, beneficiando mais de 100.000 pacientes, Rafael Vitorino utiliza sua voz para denunciar injustiÃ§as e lutar pelas mudanÃ§as no sistema de saÃºde. Sua atuaÃ§Ã£o combativa garante o acesso a serviÃ§os essenciais para pessoas com autismo, grÃ¡vidas, pessoas com cÃ¢ncer e doenÃ§as raras.

Rafael Vitorino: Um Guerreiro IncansÃ¡vel na Luta pelos Direitos das Pessoas com Autismo. Sua histÃ³ria inspiradora e atuaÃ§Ã£o exemplar o coloca como um sÃmbolo de esperanÃ§a e transformaÃ§Ã£o para toda a comunidade. Sua forÃ§a, perseveranÃ§a e otimismo demonstram que, com amor, apoio e conhecimento, Ã©

possível superar obstáculos e construir um futuro mais positivo para pessoas com autismo.

SumÃ¡rio

CapÃtulo 3: Entendendo a LegislaÃ§Ã£o TributÃ¡ria Vigente

CapÃtulo 4: SituaÃ§Ãµes de FiscalizaÃ§Ã£o e Processos Justos

Capítulo 7: Protegendo os Interesses dos Contribuintes

Capítulo 8: Insights Valiosos sobre Auditorias e Fiscalizações

Capítulo 11: Justiça Fiscal e Proteção dos Direitos dos Contribuintes

Capítulo 12: Considerações Finais

1

Introdução à Defesa contra Multas Fiscais

1.1 O papel dos auditores fiscais municipais, estaduais e federais

Os auditores fiscais desempenham um papel fundamental na fiscalização e arrecadação de tributos em níveis municipais, estaduais e federais. Eles são responsáveis por garantir o cumprimento das leis fiscais, identificar possíveis irregularidades e combater a sonegação de impostos.

No âmbito municipal, os auditores fiscais atuam na verificação do recolhimento correto de tributos como IPTU, ISS e taxas municipais. Eles realizam auditorias em empresas e estabelecimentos comerciais para assegurar que estão pagando os impostos devidos ao município.

JÃ¡ os auditores fiscais estaduais tÃªm a responsabilidade de fiscalizar o pagamento de ICMS, IPVA e outros tributos estaduais. Eles analisam as movimentaÃ§Ãµes financeiras das empresas para identificar possÃveis fraudes ou evasÃµes fiscais, garantindo assim a justiÃ§a fiscal no estado.

Por fim, os auditores fiscais federais lidam com tributos como IRPJ, IPI, PIS/Cofins e contribuiÃ§Ãµes previdenciÃ¡rias. Eles atuam em operaÃ§Ãµes mais complexas envolvendo grandes empresas multinacionais e instituiÃ§Ãµes financeiras, buscando coibir prÃ¡ticas ilÃcitas que impactam diretamente a arrecadaÃ§Ã£o federal.

Em resumo, os auditores fiscais desempenham um papel crucial na manutenÃ§Ã£o da ordem tributÃ¡ria em todas as esferas governamentais. Sua atuaÃ§Ã£o eficiente contribui nÃ£o apenas para a arrecadaÃ§Ã£o de recursos necessÃ¡rios para o funcionamento do Estado, mas tambÃ©m para a promoÃ§Ã£o da justiÃ§a fiscal e combate Ã sonegaÃ§Ã£o.

1.2 Problemas com multas arbitrárias e injustas

A imposição de multas fiscais muitas vezes enfrenta críticas por sua arbitrariedade e injustiça, levando a uma série de problemas para os contribuintes. Essas multas podem ser aplicadas sem uma justificativa clara ou base legal sólida, resultando em situações desfavoráveis para os envolvidos.

Um dos principais problemas decorrentes de multas arbitrárias é a falta de transparência no processo de fiscalização. Muitas vezes, os contribuintes são surpreendidos com penalidades sem entender exatamente o motivo ou a origem da infração cometida. Isso gera um sentimento de injustiça e desconfiança em relação ao sistema tributário.

Além disso, as multas injustas podem impactar negativamente a saúde financeira das empresas e indivíduos, prejudicando suas operações e comprometendo seu desenvolvimento econômico. A falta de critérios claros na aplicação das penalidades pode levar a prejuízos significativos e até mesmo à inviabilidade dos negócios.

Outro aspecto relevante Ã© a dificuldade enfrentada pelos contribuintes em contestar essas multas arbitrÃ¡rias. O processo de recurso muitas vezes Ã© burocrÃ¡tico e moroso, tornando-se um obstÃ¡culo adicional para aqueles que buscam reverter decisÃµes consideradas injustas.

Diante desses desafios, Ã© fundamental que haja mecanismos eficazes para garantir a justiÃ§a e equidade na aplicaÃ§Ã£o das multas fiscais. A transparÃªncia, a clareza nos critÃ©rios de avaliaÃ§Ã£o e a possibilidade de recurso sÃ£o elementos essenciais para assegurar que as penalidades sejam aplicadas de forma justa e proporcional Ã s infraÃ§Ãµes cometidas.

1.3 Direitos do contribuinte perante os Ã³rgÃ£os fiscalizadores

Os direitos do contribuinte perante os Ã³rgÃ£os fiscalizadores sÃ£o fundamentais para garantir a equidade e justiÃ§a no processo de aplicaÃ§Ã£o de multas fiscais. Esses direitos visam proteger os contribuintes de possÃveis abusos ou arbitrariedades por parte dos Ã³rgÃ£os responsÃ¡veis pela fiscalizaÃ§Ã£o.

- Direito Ã ampla defesa: Todo contribuinte tem o direito de se defender de acusaÃ§Ãµes ou penalidades impostas pelos Ã³rgÃ£os fiscalizadores. Isso inclui o direito a apresentar provas, argumentaÃ§Ãµes e contestar as decisÃµes tomadas.

- Direito Ã transparÃªncia: Os contribuintes tÃªm o direito de receber informaÃ§Ãµes claras e precisas sobre as infraÃ§Ãµes cometidas, as bases legais das multas aplicadas e os procedimentos adotados durante o processo de fiscalizaÃ§Ã£o.

- Direito ao contraditÃ³rio: Ã‰ essencial que os contribuintes tenham a oportunidade de contradizer as acusaÃ§Ãµes feitas contra eles, apresentando sua versÃ£o dos fatos e contestando qualquer interpretaÃ§Ã£o equivocada por parte dos Ã³rgÃ£os fiscalizadores.

- Direito Ã revisÃ£o administrativa: Caso haja discordÃ¢ncia em relaÃ§Ã£o Ã s penalidades aplicadas, os contribuintes tÃªm o direito de solicitar uma revisÃ£o administrativa do processo, buscando corrigir possÃveis erros ou injustiÃ§as cometidas durante a fiscalizaÃ§Ã£o.

A garantia desses direitos é essencial para promover um ambiente tributário justo e transparente, evitando abusos por parte dos órgãos fiscais e protegendo os contribuintes de penalidades arbitrárias. Ao conhecer e exercer esses direitos, os contribuintes podem se defender adequadamente contra multas injustas e garantir que seus interesses sejam respeitados durante o processo de fiscalização.

2

Estratégias para Contestar Autuações Indevidas

2.1 Análise detalhada da autuação fiscal

A análise detalhada da autuação fiscal é um passo fundamental no processo de defesa contra multas fiscais indevidas. Neste estágio, é essencial examinar minuciosamente todos os aspectos da autuação, desde a fundamentação legal até os cálculos realizados pelos auditores fiscais.

Um dos primeiros pontos a serem verificados durante a análise é a base legal utilizada para embasar a autuação. É crucial garantir que a penalidade aplicada esteja respaldada por normas tributárias vigentes e que não haja interpretações equivocadas ou abusivas por parte dos fiscais.

Além disso, é importante revisar cuidadosamente os cálculos realizados para determinar o valor da multa. Erros matemáticos ou equívocos na aplicação de alíquotas podem resultar em cobranças excessivas e injustas, tornando-se um ponto-chave na contestação da autuação.

Outro aspecto relevante a ser considerado na análise detalhada é a consistência das informações apresentadas pelos auditores fiscais. Discrepâncias ou contradições nos relatórios de fiscalização podem indicar falhas no processo de autuação e abrir espaço para questionamentos legítimos por parte do contribuinte.

Por fim, é essencial avaliar se foram respeitados os direitos do contribuinte durante o procedimento de fiscalização. A garantia da ampla defesa, transparência e possibilidade de contraditório são elementos cruciais para assegurar que o processo tenha seguido as normas legais e respeitado os princípios do Estado de Direito.

A análise detalhada da autuação fiscal não apenas permite identificar possíveis irregularidades ou erros cometidos pelos auditores fiscais, mas também fortalece a argumentação do contribuinte ao apresentar uma defesa fundamentada e consistente perante as autoridades competentes.

2.2 Documentação necessária para contestação

A documentação necessária para contestar autuações fiscais indevidas desempenha um papel crucial no processo de defesa do contribuinte. Ao reunir e apresentar os documentos corretos, o contribuinte pode fortalecer sua argumentação e evidenciar possíveis erros ou irregularidades cometidos pelos auditores fiscais.

Entre os principais documentos que devem ser providenciados para a contestação estão:

- Notificação da autuação: É essencial ter em mãos a notificação oficial da autuação fiscal, pois esse documento contém informações importantes, como o motivo da autuação, o valor da multa e prazos para recurso.

- Documentos fiscais: Todos os documentos fiscais relacionados à operação ou transação que gerou a autuação devem ser apresentados,

25

incluindo notas fiscais, comprovantes de pagamento e contratos.

- Pareceres técnicos: Caso seja necessário contestar aspectos técnicos da autuação, é recomendável obter pareceres de especialistas na área para embasar a defesa.

- Comprovantes de regularidade fiscal: Apresentar certidões negativas de débitos e outros documentos que atestem a regularidade fiscal da empresa pode ajudar a demonstrar boa-fé e idoneidade perante as autoridades.

A organização e consistência dos documentos são fundamentais para uma defesa eficaz. Certificar-se de que todos os papéis estão completos, atualizados e em conformidade com as normas vigentes é essencial para evitar questionamentos por parte das autoridades fiscais.

A documentação adequada não apenas reforça a argumentação do contribuinte, mas também demonstra comprometimento com a transparência e legalidade nas operações empresariais. Portanto, dedicar tempo e cuidado à preparação dos documentos é um passo fundamental na busca pela anulação de autuações indevidas.

2.3 Procedimentos legais para contestar autuações indevidas

A contestação de autuações fiscais indevidas envolve uma série de procedimentos legais que devem ser seguidos com rigor para garantir a defesa eficaz do contribuinte. É fundamental compreender e aplicar corretamente esses procedimentos para contestar as autuações de forma consistente e embasada.

Alguns dos principais passos legais a serem considerados na contestação de autuações indevidas incluem:

- Análise da notificação: O contribuinte deve analisar minuciosamente a notificação da autuação, verificando se todos os dados estão corretos e se os prazos para recurso estão sendo respeitados.

- Elaboração da defesa: Com base na documentação reunida, é essencial elaborar uma defesa consistente, apresentando argumentos sólidos e fundamentados juridicamente para contestar as irregularidades apontadas pela fiscalizaÃ§Ã£o.

- InterposiÃ§Ã£o de recursos: ApÃ³s a elaboraÃ§Ã£o da defesa, o contribuinte deve interpor os recursos cabÃ-veis dentro dos prazos estabelecidos pela legislaÃ§Ã£o, garantindo assim o direito Ã ampla defesa e ao contraditÃ³rio.

- Acompanhamento do processo: Durante todo o processo de contestaÃ§Ã£o, Ã© importante acompanhar de perto todas as etapas e movimentaÃ§Ãµes do processo administrativo ou judicial, mantendo-se informado sobre o andamento da defesa.

O cumprimento correto dos procedimentos legais Ã© essencial para assegurar que a contestaÃ§Ã£o seja feita dentro dos parÃ¢metros estabelecidos pela legislaÃ§Ã£o tributÃ¡ria. AlÃ©m disso, contar com o apoio de profissionais especializados em direito tributÃ¡rio pode ser fundamental para orientar adequadamente o contribuinte durante todo o processo de contestaÃ§Ã£o.

Ao seguir os procedimentos legais com diligÃªncia e atenÃ§Ã£o aos detalhes, o contribuinte aumenta suas chances de obter sucesso na anulaÃ§Ã£o de autuaÃ§Ãµes fiscais indevidas e proteger seus direitos perante a fiscalizaÃ§Ã£o tributÃ¡ria.

3

Entendendo a Legislação Tributária Vigente

3.1 Principais leis tributárias aplicáveis

A compreensão das principais leis tributárias aplicáveis é essencial para garantir o cumprimento das obrigações fiscais e evitar autuações indevidas. Neste contexto, destacam-se algumas legislações fundamentais que regem o sistema tributário brasileiro:

- Constituição Federal: A Constituição Federal de 1988 estabelece as bases do sistema tributário nacional, definindo competências e princípios que norteiam a arrecadação de impostos, taxas e contribuições.

- Código Tributário Nacional (CTN): O CTN é a principal norma que disciplina as relações jurÃdico-tributÃ¡rias no Brasil, estabelecendo regras gerais sobre impostos, taxas e contribuiÃ§Ãµes de melhoria.

- Lei de Responsabilidade Fiscal (LRF): A LRF define normas para a gestÃ£o fiscal responsÃ¡vel dos entes federativos, estabelecendo limites para despesas com pessoal e endividamento pÃºblico.

- CÃ³digo Penal TributÃ¡rio: Este cÃ³digo prevÃª crimes relacionados Ã sonegaÃ§Ã£o fiscal, evasÃ£o de divisas e outras condutas ilÃcitas no Ã¢mbito tributÃ¡rio, impondo penalidades aos infratores.

- Lei Complementar nÂº 116/2003: Esta lei dispÃµe sobre o Imposto Sobre ServiÃ§os de Qualquer Natureza (ISS), regulamentando a incidÃªncia e a forma de recolhimento deste tributo municipal.

O conhecimento detalhado dessas leis Ã© fundamental para orientar as atividades empresariais em conformidade com a legislaÃ§Ã£o vigente, evitando autuaÃ§Ãµes fiscais indevidas e garantindo a regularidade fiscal da empresa. AlÃ©m disso, estar atualizado sobre possÃveis alteraÃ§Ãµes na legislaÃ§Ã£o tributÃ¡ria Ã© essencial para adequar os processos internos às novas exigências legais e evitar problemas com o Fisco.

A correta interpretação e aplicação das principais leis tributárias são pilares para uma gestão fiscal eficiente e transparente, contribuindo para a sustentabilidade financeira das empresas e fortalecendo sua reputação perante os órgãos fiscalizadores. Portanto, manter-se informado sobre as normativas vigentes e buscar assessoria especializada são estratégias-chave para lidar com questões tributárias complexas de forma assertiva.

3.2 Interpretação da legislação tributária em casos de autuações fiscais

A interpretação da legislação tributária em situações de autuações fiscais é um processo complexo e crucial para as empresas garantirem a conformidade com as normas vigentes e evitarem penalidades indevidas. Quando uma empresa é autuada pelo Fisco, é fundamental compreender como a legislação tributária se aplica ao caso específico, a fim de contestar ou corrigir possíveis equívocos.

Em casos de autuaÃ§Ãµes fiscais, a correta interpretaÃ§Ã£o da legislaÃ§Ã£o pode ser determinante para reverter uma decisÃ£o desfavorÃ¡vel. Ã‰ essencial contar com profissionais especializados em direito tributÃ¡rio que possam analisar minuciosamente os dispositivos legais aplicÃ¡veis, identificar possÃveis brechas ou erros na autuaÃ§Ã£o e elaborar estratÃ©gias eficazes para defender os interesses da empresa.

AlÃ©m disso, a interpretaÃ§Ã£o da legislaÃ§Ã£o tributÃ¡ria em casos de autuaÃ§Ãµes fiscais requer um conhecimento aprofundado das leis e regulamentos pertinentes, bem como da jurisprudÃªncia dos Ã³rgÃ£os fiscalizadores. A anÃ¡lise cuidadosa de cada detalhe do processo fiscal Ã© essencial para identificar inconsistÃªncias, argumentar de forma fundamentada e buscar soluÃ§Ãµes que estejam em conformidade com a legislaÃ§Ã£o vigente.

Portanto, diante de autuaÃ§Ãµes fiscais, as empresas devem investir na capacitaÃ§Ã£o de suas equipes ou buscar assessoria jurÃdica especializada para garantir uma interpretaÃ§Ã£o precisa e assertiva da legislaÃ§Ã£o tributÃ¡ria. A atuaÃ§Ã£o proativa e estratégica nesse contexto pode não apenas evitar prejuízos financeiros decorrentes de autuações indevidas, mas também fortalecer a imagem e credibilidade da empresa perante os órgãos fiscalizadores.

3.3 Atualizações recentes na legislação tributária

As atualizações na legislação tributária são essenciais para manter as empresas informadas sobre as mudanças nas normas fiscais e garantir a conformidade com as novas regras. Acompanhar de perto essas atualizações é fundamental para evitar possíveis autuações fiscais e penalidades decorrentes de desconformidades.

- Reforma Tributária: Uma das principais atualizações em discussão é a Reforma Tributária, que visa simplificar o sistema tributário brasileiro, tornando-o mais eficiente e transparente. Essa reforma pode impactar diretamente a forma como as empresas calculam e pagam seus impostos, exigindo uma adaptação rápida e precisa.

- TributaÃ§Ã£o Digital: Com o avanÃ§o da tecnologia, novas formas de tributaÃ§Ã£o digital estÃ£o sendo implementadas para acompanhar a evoluÃ§Ã£o do mercado. Empresas que atuam no ambiente online devem estar atentas Ã s mudanÃ§as nesse sentido, garantindo que suas operaÃ§Ãµes estejam em conformidade com as exigÃªncias legais.

- Incentivos Fiscais: Outra atualizaÃ§Ã£o relevante sÃ£o os incentivos fiscais concedidos pelo governo para estimular determinados setores da economia. Compreender esses benefÃcios e saber como utilizÃ¡-los de forma adequada pode gerar vantagens competitivas significativas para as empresas.

Diante dessas atualizaÃ§Ãµes na legislaÃ§Ã£o tributÃ¡ria, Ã© crucial que as empresas estejam sempre atualizadas e preparadas para se adaptarem Ã s mudanÃ§as. Contar com profissionais especializados em direito tributÃ¡rio e manter um acompanhamento constante das novidades legislativas sÃ£o estratÃ©gias fundamentais para garantir a conformidade fiscal e evitar problemas futuros.

4

SituaÃ§Ãµes de FiscalizaÃ§Ã£o e Processos Justos

4.1 Como lidar com situaÃ§Ãµes de fiscalizaÃ§Ã£o inesperadas

Em um ambiente empresarial dinÃ¢mico, Ã© fundamental estar preparado para lidar com situaÃ§Ãµes de fiscalizaÃ§Ã£o inesperadas que possam surgir a qualquer momento. A abordagem correta diante dessas circunstÃ¢ncias pode fazer a diferenÃ§a entre uma resoluÃ§Ã£o eficaz e possÃ-veis penalidades fiscais.

Quando confrontado com uma fiscalizaÃ§Ã£o inesperada, a primeira etapa crucial Ã© manter a calma e cooperar plenamente com os agentes fiscais. Ã‰ essencial fornecer toda a documentaÃ§Ã£o solicitada de forma organizada e transparente, demonstrando boa-fÃ© e disposiÃ§Ã£o para colaborar com o processo de fiscalizaÃ§Ã£o.

AlÃ©m disso, Ã© recomendÃ¡vel contar com profissionais especializados em questÃµes tributÃ¡rias que possam auxiliar durante o processo de fiscalizaÃ§Ã£o. Esses especialistas podem orientar sobre os direitos e deveres da empresa perante os Ã³rgÃ£os fiscalizadores, garantindo que todos os procedimentos sejam conduzidos de acordo com a legislaÃ§Ã£o vigente.

Outro aspecto importante ao lidar com situaÃ§Ãµes de fiscalizaÃ§Ã£o inesperadas Ã© manter registros precisos e atualizados das operaÃ§Ãµes financeiras da empresa. A transparÃªncia nos registros contÃ¡beis e fiscais pode facilitar o processo de auditoria e evitar possÃveis questionamentos por parte dos fiscais.

Por fim, Ã© fundamental aprender com cada situaÃ§Ã£o de fiscalizaÃ§Ã£o inesperada, identificando possÃveis falhas ou Ã¡reas de melhoria nos processos internos da empresa. Utilizar essas experiÃªncias como aprendizado pode fortalecer a conformidade fiscal da organização e prevenir futuras autuações indevidas.

A capacidade de lidar adequadamente com situações de fiscalização inesperadas não apenas protege a empresa contra riscos legais, mas também contribui para sua reputação no mercado. Ao adotar uma postura proativa e transparente diante das demandas fiscais, as empresas demonstram comprometimento com a conformidade legal e a integridade em suas operações.

4.2 Garantindo um processo justo durante a fiscalização

Em um ambiente empresarial sujeito a fiscalizações, é essencial garantir que o processo seja conduzido de forma justa e transparente. A maneira como a empresa lida com a fiscalização não apenas impacta sua conformidade legal, mas também sua reputação e credibilidade no mercado.

Uma das principais estratégias para assegurar um processo justo durante a fiscalização é manter uma postura colaborativa e proativa desde o início.

38

Ao cooperar plenamente com os agentes fiscais, fornecendo as informações solicitadas de maneira organizada e transparente, a empresa demonstra seu comprometimento com a conformidade e facilita o andamento da auditoria.

Além disso, é fundamental garantir que todos os procedimentos adotados durante a fiscalização estejam em conformidade com a legislação vigente. Isso inclui respeitar os direitos da empresa, seguir os prazos estabelecidos pelos órgãos fiscalizadores e manter registros precisos das operações financeiras.

Outro aspecto crucial para garantir um processo justo é contar com profissionais especializados em questões tributárias que possam auxiliar durante a fiscalização. Esses especialistas podem orientar sobre os direitos da empresa, esclarecer dúvidas dos agentes fiscais e garantir que todos os procedimentos sejam realizados de acordo com as normas legais.

Por fim, é importante manter uma comunicação clara e aberta com os responsáveis pela fiscalização, esclarecendo eventuais dúvidas e fornecendo informações adicionais sempre que necessário. Ao adotar uma postura transparente e colaborativa, a empresa reforça sua integridade perante os órgãos reguladores e fortalece sua imagem no mercado.

4.3 Direitos do contribuinte durante o processo de fiscalização

O respeito aos direitos do contribuinte durante o processo de fiscalização é essencial para garantir a equidade e transparência no cumprimento das obrigações fiscais. Os contribuintes têm direitos fundamentais que devem ser assegurados durante todo o procedimento, visando proteger sua integridade e garantir um processo justo.

- Direito à informação: O contribuinte tem o direito de ser informado sobre os motivos da fiscalização, os documentos solicitados e os procedimentos a serem seguidos. Essa transparência é crucial para que ele possa colaborar adequadamente com os agentes fiscais.

- Direito à privacidade: Durante a fiscalização, o contribuinte deve ter sua privacidade respeitada, garantindo que apenas as informações relevantes para a auditoria sejam compartilhadas e que seus dados pessoais sejam protegidos conforme a legislaÃ§Ã£o vigente.

- Direito Ã ampla defesa: Ã‰ fundamental que o contribuinte tenha a oportunidade de apresentar sua defesa e contestar eventuais irregularidades apontadas durante a fiscalizaÃ§Ã£o. Esse direito garante que ele possa esclarecer dÃºvidas, corrigir equÃvocos e apresentar argumentos em sua defesa.

- Direito ao contraditÃ³rio: AlÃ©m da ampla defesa, o contribuinte tambÃ©m tem o direito ao contraditÃ³rio, ou seja, a possibilidade de contestar as conclusÃµes dos agentes fiscais e apresentar argumentos contrÃ¡rios Ã s acusaÃ§Ãµes feitas durante a auditoria.

Ao garantir esses direitos fundamentais do contribuinte, o processo de fiscalizaÃ§Ã£o se torna mais transparente, justo e equilibrado. Respeitar esses princÃpios nÃ£o apenas fortalece a relaÃ§Ã£o entre empresa e Ã³rgÃ£os fiscalizadores, mas tambÃ©m promove uma cultura de conformidade e respeito mÃºtuo no ambiente empresarial.

5

TÃ©cnicas Legais para Contestar DecisÃµes Fiscais QuestionÃ¡veis

5.1 Recursos legais disponÃveis para contestar decisÃµes fiscais questionÃ¡veis

A contestaÃ§Ã£o de decisÃµes fiscais questionÃ¡veis Ã© um processo complexo que requer o conhecimento e a aplicaÃ§Ã£o de recursos legais especÃficos. Quando uma empresa se depara com uma decisÃ£o fiscal duvidosa, Ã© fundamental estar ciente das opÃ§Ãµes disponÃveis para contestÃ¡-la de forma eficaz.

Uma das principais estratÃ©gias legais para contestar decisÃµes fiscais questionÃ¡veis Ã© a interposiÃ§Ã£o de recursos administrativos perante os Ã³rgÃ£os competentes. Esses recursos permitem que a empresa apresente argumentos sÃ³lidos e evidÃªncias que possam reverter a decisÃ£o fiscal desfavorÃ¡vel, garantindo um processo transparente e equitativo.

AlÃ©m disso, a busca por assistÃªncia jurÃ-dica especializada em questÃµes tributÃ¡rias Ã© essencial para orientar a empresa sobre os melhores caminhos legais a seguir na contestaÃ§Ã£o da decisÃ£o fiscal. Advogados especializados podem analisar minuciosamente o caso, identificar possÃ-veis irregularidades e propor estratÃ©gias jurÃ-dicas adequadas para reverter a situaÃ§Ã£o.

Outro recurso legal importante Ã© a impetraÃ§Ã£o de mandado de seguranÃ§a ou medidas judiciais cabÃ-veis contra decisÃµes fiscais consideradas ilegais ou abusivas. Essas medidas visam proteger os direitos da empresa e garantir que o processo fiscal seja conduzido conforme as normas legais vigentes, evitando prejuÃ-zos financeiros e danos Ã reputaÃ§Ã£o da organizaÃ§Ã£o.

Ã‰ crucial tambÃ©m manter registros detalhados e atualizados das operaÃ§Ãµes financeiras da empresa, pois esses documentos podem servir como prova em processos judiciais ou administrativos relacionados Ã

contestaÃ§Ã£o de decisÃµes fiscais questionÃ¡veis.
A transparÃªncia nos registros contÃ¡beis e fiscais
fortalece a posiÃ§Ã£o da empresa durante o processo
de contestaÃ§Ã£o.

A utilizaÃ§Ã£o adequada dos recursos legais
disponÃ-veis para contestar decisÃµes fiscais
questionÃ¡veis nÃ£o apenas protege os interesses da
empresa, mas tambÃ©m contribui para o
fortalecimento do Estado de Direito e o respeito Ã s
normas tributÃ¡rias vigentes. Ao adotar uma postura
proativa na defesa de seus direitos, as empresas
demonstram comprometimento com a legalidade e
integridade em suas operaÃ§Ãµes comerciais.

5.2 Prazos e procedimentos para interposiÃ§Ã£o de recursos

A interposiÃ§Ã£o de recursos Ã© uma etapa crucial
no processo de contestaÃ§Ã£o de decisÃµes fiscais
questionÃ¡veis, pois permite que a empresa apresente
argumentos sÃ³lidos e evidÃªncias para reverter uma
decisÃ£o desfavorÃ¡vel. No entanto, Ã© fundamental
compreender os prazos e procedimentos necessÃ¡rios
para garantir que os recursos sejam eficazes e aceitos
pelas autoridades competentes.

Os prazos para interposição de recursos podem variar dependendo da legislação tributária vigente e do órgão responsável pela análise dos recursos. É essencial que a empresa esteja ciente desses prazos e os respeite rigorosamente para evitar a perda do direito de contestação. A não observância dos prazos estabelecidos pode resultar na preclusão do direito de recorrer, prejudicando a defesa da empresa.

Além dos prazos, os procedimentos para interposição de recursos também devem ser seguidos à risca. Isso inclui a elaboração cuidadosa dos argumentos apresentados no recurso, a juntada de documentos comprobatórios e o cumprimento das formalidades exigidas pela legislação. Qualquer falha nesses procedimentos pode comprometer a eficácia do recurso e prejudicar a defesa da empresa.

Uma estratégia eficaz é contar com o apoio de profissionais especializados em questões tributárias, como advogados ou consultores jurídicos. Esses profissionais têm o conhecimento necessário para orientar a empresa sobre os prazos e procedimentos corretos para interpor recursos, aumentando as chances de sucesso na contestação das decisões fiscais questionáveis.

Em resumo, entender os prazos e procedimentos para interposição de recursos é essencial para garantir uma defesa eficaz contra decisões fiscais questionáveis. Ao seguir corretamente essas etapas, a empresa pode aumentar suas chances de reverter uma decisão desfavorável e proteger seus interesses financeiros e reputacionais.

5.3 Exemplos práticos de contestação de decisões fiscais

A contestação de decisões fiscais questionáveis pode ser um processo complexo e desafiador para as empresas, mas a utilização de exemplos práticos pode ajudar a ilustrar estratégias eficazes de contestação. Ao analisar casos reais em que empresas conseguiram reverter decisões fiscais desfavoráveis, é possível identificar padrões e abordagens bem-sucedidas que podem ser aplicadas em situações semelhantes.

Um exemplo prÃ¡tico comum de contestaÃ§Ã£o de decisÃ£o fiscal Ã© a revisÃ£o minuciosa dos cÃ¡lculos realizados pelo Ã³rgÃ£o fiscalizador. Muitas vezes, erros simples ou interpretaÃ§Ãµes equivocadas podem levar a uma determinaÃ§Ã£o incorreta do valor devido, resultando em prejuÃzos financeiros para a empresa. Ao apresentar evidÃªncias claras e precisas que demonstram os equÃvocos nos cÃ¡lculos realizados, as chances de reverter a decisÃ£o fiscal aumentam significativamente.

Outro exemplo prÃ¡tico relevante Ã© a anÃ¡lise detalhada da legislaÃ§Ã£o tributÃ¡ria aplicÃ¡vel ao caso especÃfico da empresa. Em muitos casos, as autoridades fiscais podem interpretar erroneamente as normas tributÃ¡rias, resultando em autuaÃ§Ãµes injustas. Ao contar com o suporte de especialistas jurÃdicos que compreendem profundamente a legislaÃ§Ã£o vigente e podem argumentar com embasamento legal sÃ³lido, a empresa tem maiores chances de contestar com sucesso uma decisÃ£o fiscal questionÃ¡vel.

AlÃ©m disso, exemplos prÃ¡ticos tambÃ©m destacam a importÃ¢ncia da documentaÃ§Ã£o adequada e organizada para fundamentar os argumentos apresentados na contestaÃ§Ã£o. A falta de documentos comprobatÃ³rios ou registros precisos pode enfraquecer a defesa da empresa diante das autoridades fiscais. Portanto, manter uma gestÃ£o eficiente dos documentos contÃ¡beis e fiscais Ã© essencial para respaldar as alegaÃ§Ãµes feitas durante o processo de contestaÃ§Ã£o.

AtravÃ©s da anÃ¡lise cuidadosa desses exemplos prÃ¡ticos e da aplicaÃ§Ã£o das estratÃ©gias bem-sucedidas neles identificadas, as empresas podem fortalecer sua capacidade de contestar decisÃµes fiscais questionÃ¡veis e proteger seus interesses financeiros.

6

Ilegalidade na Indisponibilidade de Bens em Ãmbito Administrativo da Receita Federal

6.1 AnÃ¡lise da ilegalidade na indisponibilidade de bens

A indisponibilidade de bens em Ã¢mbito administrativo pela Receita Federal Ã© uma medida que visa garantir o pagamento de tributos devidos por contribuintes em situaÃ§Ã£o irregular. No entanto, a legalidade dessa prÃ¡tica tem sido questionada sob diversos aspectos, levantando preocupaÃ§Ãµes quanto aos direitos e garantias dos contribuintes.

Uma das principais questÃµes que envolvem a indisponibilidade de bens Ã© a falta de critÃ©rios claros e objetivos para sua aplicação. Muitas vezes, a Receita Federal determina a restrição patrimonial sem uma fundamentação sólida ou sem respeitar o princípio da proporcionalidade, o que pode resultar em prejuízos injustificados para os contribuintes.

Além disso, a ausência de um contraditório efetivo no processo de decretação da indisponibilidade de bens também é motivo de preocupação. Os contribuintes muitas vezes não têm a oportunidade adequada de apresentar sua defesa antes que seus bens sejam bloqueados, ferindo o direito fundamental à ampla defesa e ao contraditório previsto na Constituição.

Outro ponto relevante é a duração excessiva da medida de bloqueio patrimonial, que pode se estender por longos períodos sem uma decisão definitiva sobre a regularidade dos débitos fiscais. Isso gera insegurança jurídica e impactos negativos nos negócios dos contribuintes, podendo levar até mesmo à inviabilização das atividades empresariais.

Diante dessas questões, torna-se essencial analisar criticamente a legalidade e os impactos da indisponibilidade de bens em âmbito administrativo pela Receita Federal. A busca por maior transparência, critérios objetivos e respeito aos direitos fundamentais dos contribuintes são passos fundamentais para assegurar um equilíbrio entre a arrecadação tributária e a proteção dos interesses legítimos das empresas.

6.2 Consequências administrativas decorrentes da indisponibilidade de bens

A indisponibilidade de bens em âmbito administrativo pela Receita Federal pode acarretar uma série de consequências para os contribuintes afetados, indo além do bloqueio patrimonial em si. Essas medidas podem impactar significativamente a vida financeira e empresarial dos envolvidos, gerando prejuízos e desafios adicionais.

Uma das principais consequências é a restrição no acesso ao crédito por parte das empresas que tiveram seus bens bloqueados. Com a impossibilidade de utilizar seus ativos como garantia, essas organizações podem enfrentar dificuldades para obter empréstimos ou financiamentos, o que pode comprometer sua capacidade de investimento e crescimento.

Além disso, a indisponibilidade de bens pode afetar a reputação das empresas perante fornecedores, clientes e parceiros comerciais. A notícia do bloqueio patrimonial pode gerar desconfiança e prejudicar relacionamentos comerciais estabelecidos, levando à perda de oportunidades de negócio e danos à imagem da empresa.

Outra consequência relevante é o impacto emocional e psicológico sobre os contribuintes afetados. O estresse causado pela incerteza quanto ao futuro financeiro, somado à pressão para resolver a situação fiscal, pode resultar em problemas de saúde mental e bem-estar geral dos indivíduos envolvidos.

Diante dessas consequências adversas, torna-se fundamental que as autoridades fiscais ajam com responsabilidade e transparência ao aplicar medidas de indisponibilidade de bens. É essencial garantir que os direitos dos contribuintes sejam respeitados e que haja mecanismos eficazes para contestação e revisão das decisões tomadas, visando mitigar os impactos negativos decorrentes dessa prática.

6.3 Possíveis consequências penais para os auditores fiscais

A atuação dos auditores fiscais na indisponibilidade de bens em âmbito administrativo da Receita Federal pode acarretar não apenas consequências administrativas, mas também possíveis desdobramentos penais caso haja irregularidades ou ilegalidades no processo. É fundamental que esses profissionais ajam dentro dos limites legais e éticos para evitar problemas jurídicos graves.

Em casos de abuso de poder, negligência ou má-fé por parte dos auditores fiscais na aplicação da medida de bloqueio patrimonial, os contribuintes afetados podem buscar reparação judicial e denunciar as condutas ilícitas às autoridades competentes. A violação dos direitos dos contribuintes ou a utilização indevida da indisponibilidade de bens como forma de coação configuram infrações passíveis de punição penal.

Além disso, a legislação brasileira prevê sanções específicas para servidores públicos que praticarem atos ilegais no exercício de suas funções, incluindo os auditores fiscais. Caso sejam constatadas irregularidades na condução do processo de indisponibilidade de bens, tais como falsificação de documentos, omissão de informações relevantes ou qualquer outra conduta criminosa, os responsáveis podem responder criminalmente pelos seus atos.

Dessa forma, é crucial que os auditores fiscais ajam com integridade e respeito à legalidade ao determinar aindisponibilidade de bens dos contribuintes. A transparência nas ações e a observância rigorosa das normas vigentes são essenciais para evitar implicações penais e garantir a legitimidade do processo fiscal.

Procedimentos Administrativos Tributários Essenciais para Auditores Fiscais

Introdução

A fiscalização tributária é um processo crucial para garantir a justiça fiscal e a efetividade da arrecadação de tributos. Para realizar essa tarefa de forma eficaz e segura, os auditores fiscais devem seguir rigorosamente os procedimentos administrativos tributários previstos na legislação. O descumprimento desses procedimentos pode levar à anulação do processo fiscal e à responsabilização dos auditores envolvidos.

Procedimentos Essenciais para Auditores Fiscais

Neste capítulo, apresentaremos os principais procedimentos administrativos tributários que devem ser seguidos pelos auditores fiscais na fiscalização de empresas, utilizando a ordem de serviço como exemplo. A lista a seguir não é exaustiva, mas abrange os pontos mais importantes:

1. Planejamento da Fiscalização:

- Definição do Objeto: Delimitar o escopo da fiscalização, incluindo o período a ser analisado e os tributos a serem examinados.

- Levantamento de Informações: Coletar dados sobre a empresa, como ramo de atividade, histórico fiscal e situação financeira.

- AnÃ¡lise de Riscos: Identificar os principais riscos de sonegaÃ§Ã£o fiscal e definir as estratÃ©gias de fiscalizaÃ§Ã£o adequadas.

EmissÃ£o da Ordem de ServiÃ§o: Formalizar o inÃcio da fiscalizaÃ§Ã£o, com a descriÃ§Ã£o dos objetivos, do perÃodo e dos tributos a serem analisados.

2. ExecuÃ§Ã£o da FiscalizaÃ§Ã£o:

- Acesso aos Livros e Documentos: O auditor fiscal tem o direito de examinar os livros e documentos contÃ¡beis, fiscais e comerciais da empresa, conforme legislaÃ§Ã£o especÃfica.

- RealizaÃ§Ã£o de DiligÃªncias: Coletar provas e informaÃ§Ãµes relevantes para a fiscalizaÃ§Ã£o, como entrevistas com funcionÃ¡rios, vistorias nas instalaÃ§Ãµes da empresa e anÃ¡lises de demonstrativos financeiros.

- Lavratura de Auto de InfraÃ§Ã£o:

- Assegura do ContraditÃ³rio e da Ampla Defesa:

3. FinalizaÃ§Ã£o da FiscalizaÃ§Ã£o:

- Elaboração do Laudo Fiscal: Analisar as provas coletadas e as informações obtidas durante a fiscalização, fundamentando a decisão final do Fisco.

- Emissão do Termo de Vista: Notificar a empresa sobre o resultado da fiscalização, concedendo prazo para pagamento dos tributos e multas devidos.

- Acompanhamento do Pagamento: Monitorar o pagamento dos débitos fiscais e tomar as medidas cabíveis em caso de inadimplência.

- Arquivamento do Processo: Registrar e arquivar toda a documentação referente à fiscalização, garantindo a rastreabilidade e a segurança jurídica do processo.

Consequências do Descumprimento dos Procedimentos

O descumprimento dos procedimentos administrativos tributários pode acarretar diversas consequências negativas, como:

- **Anulação do Processo Fiscal: A nulidade do processo pode levar à anulação do auto de** infraÃ§Ã£o e das sanÃ§Ãµes aplicadas Ã empresa, prejudicando a arrecadaÃ§Ã£o de tributos.

- **ResponsabilizaÃ§Ã£o dos Auditores: Os auditores fiscais podem ser responsabilizados civil, administrativa e penalmente por falhas no cumprimento dos procedimentos legais.**

- **PrejuÃzos Ã Imagem da AdministraÃ§Ã£o PÃºblica: A conduta irregular dos auditores pode gerar inseguranÃ§a jurÃdica e desconfianÃ§a na relaÃ§Ã£o entre o Fisco e os contribuintes.**

ConclusÃ£o

O rigoroso cumprimento dos procedimentos administrativos tributÃ¡rios Ã© fundamental para garantir a legitimidade e a eficÃ¡cia da fiscalizaÃ§Ã£o.

ObservaÃ§Ãµes Importantes:

- Este capÃtulo apresenta uma visÃ£o geral dos procedimentos administrativos tributÃ¡rios.

- Ã‰ importante ressaltar que a legislaÃ§Ã£o tributÃ¡ria estÃ¡ em constante mudanÃ§a,

7

Protegendo os Interesses dos Contribuintes

7.1 Medidas preventivas para evitar autuaÃ§Ãµes indevidas

A proteÃ§Ã£o dos interesses dos contribuintes Ã© uma preocupaÃ§Ã£o constante, especialmente quando se trata de evitar autuaÃ§Ãµes fiscais indevidas. Neste contexto, a adoÃ§Ã£o de medidas preventivas torna-se essencial para resguardar os direitos e garantias dos contribuintes e evitar prejuÃzos desnecessÃ¡rios.

Uma das principais estratÃ©gias preventivas Ã© a manutenÃ§Ã£o da regularidade fiscal da empresa, por meio do cumprimento rigoroso das obrigaÃ§Ãµes tributÃ¡rias e do correto registro de todas as operaÃ§Ãµes contÃ¡beis. Dessa forma, Ã© possÃvel minimizar as chances de erros ou omissÃµes que poderiam resultar em autuaÃ§Ãµes injustas por parte da Receita Federal.

AlÃ©m disso, a realizaÃ§Ã£o periÃ³dica de auditorias internas e a contrataÃ§Ã£o de consultorias especializadas em compliance tributÃ¡rio podem auxiliar na identificaÃ§Ã£o de possÃveis irregularidades fiscais antes que se tornem alvo de fiscalizaÃ§Ãµes. Essas prÃ¡ticas preventivas permitem corrigir eventuais falhas e adequar os procedimentos internos Ã s normas vigentes, reduzindo os riscos de autuaÃ§Ãµes.

Outra medida importante Ã© a manutenÃ§Ã£o de uma comunicaÃ§Ã£o transparente e proativa com o Fisco. Ao estabelecer um diÃ¡logo aberto e colaborativo com os Ã³rgÃ£os fiscais, as empresas podem esclarecer dÃºvidas, apresentar documentos comprobatÃ³rios e demonstrar boa-fÃ© na conduÃ§Ã£o de suas atividades. Isso pode contribuir para evitar interpretaÃ§Ãµes equivocadas por parte dos auditores fiscais e minimizar conflitos durante processos de fiscalizaÃ§Ã£o.

A implementaÃ§Ã£o dessas medidas preventivas nÃ£o apenas protege os interesses dos contribuintes, mas também promove uma relação mais transparente e colaborativa entre empresas e órgãos fiscais. Ao adotar uma postura proativa na gestão tributária, as organizações podem mitigar riscos fiscais desnecessários e garantir sua conformidade legal perante o Fisco.

Por fim, a busca por profissionais qualificados e atualizados em legislação tributária também é fundamental para garantir a conformidade fiscal da empresa e prevenir autuações indevidas. A capacitação constante da equipe responsável pela área tributária permite identificar mudanças na legislação, interpretar corretamente as normas vigentes e adotar práticas alinhadas com as exigências legais, evitando assim problemas futuros com o Fisco.

7.2 Contratação de profissionais especializados em defesa fiscal

A contratação de profissionais especializados em defesa fiscal é uma estratégia fundamental para proteger os interesses dos contribuintes e garantir a conformidade legal perante o Fisco. Esses profissionais possuem conhecimento técnico aprofundado em legislação tributária e experiência na resolução de questões fiscais complexas, tornando-os essenciais para auxiliar as empresas na prevenção de autuações indevidas.

Os especialistas em defesa fiscal atuam de forma proativa, analisando minuciosamente as operações contábeis e fiscais da empresa para identificar possíveis irregularidades ou riscos de autuação. Eles também orientam a equipe responsável pela área tributária sobre as melhores práticas e procedimentos a serem adotados para evitar problemas com o Fisco.

Além disso, esses profissionais podem representar a empresa durante processos de fiscalização, respondendo às demandas dos auditores fiscais, apresentando documentos comprobatórios e defendendo os interesses do contribuinte perante as autoridades competentes. Sua atuação estratégica e técnica é crucial para garantir que a empresa esteja preparada para lidar com qualquer situação fiscal adversa.

A contratação de profissionais especializados em defesa fiscal não apenas fortalece a posição da empresa diante do Fisco, mas também proporciona tranquilidade aos gestores e acionistas, pois sabem que estão sendo assistidos por experts no assunto. Essa parceria estratégica contribui significativamente para a proteção dos interesses dos contribuintes e para a manutenção da regularidade fiscal da empresa.

7.3 Estratégias para minimizar prejuízos financeiros decorrentes de autuações

Quando uma empresa é autuada pelo Fisco, os prejuízos financeiros podem ser significativos. Por isso, é essencial adotar estratégias eficazes para minimizar esses impactos e proteger os interesses dos contribuintes.

Uma das principais estratégias para reduzir os prejuízos financeiros decorrentes de autuações é a revisão minuciosa de todos os procedimentos contábeis e fiscais da empresa. Identificar possíveis erros ou irregularidades antes mesmo da fiscalização pode evitar autuações desnecessárias e garantir a conformidade legal.

AlÃ©m disso, Ã© fundamental contar com profissionais especializados em defesa fiscal que possam representar a empresa durante o processo de fiscalizaÃ§Ã£o. Esses especialistas tÃªm o conhecimento tÃ©cnico necessÃ¡rio para contestar as autuaÃ§Ãµes indevidas, apresentar argumentos sÃ³lidos e defender os interesses do contribuinte perante as autoridades competentes.

Outra estratÃ©gia importante Ã© manter uma comunicaÃ§Ã£o transparente com o Fisco. Ao esclarecer eventuais dÃºvidas ou fornecer informaÃ§Ãµes adicionais solicitadas pelos auditores fiscais, a empresa demonstra boa-fÃ© e disposiÃ§Ã£o para colaborar, o que pode resultar em reduÃ§Ã£o de multas ou penalidades.

Por fim, investir em tecnologia e sistemas de gestÃ£o tributÃ¡ria pode ajudar a evitar erros humanos e garantir a correta apuraÃ§Ã£o dos tributos. Automatizar processos fiscais e contÃ¡beis reduz a margem de erro e aumenta a eficiÃªncia na gestÃ£o fiscal da empresa, contribuindo para a minimizaÃ§Ã£o de prejuÃzos financeiros decorrentes de autuaÃ§Ãµes.

Ao adotar essas estratégias de forma integrada e proativa, as empresas podem se proteger melhor contra autuações fiscais injustas e garantir sua regularidade perante o Fisco, preservando seus interesses financeiros e sua reputação no mercado.

8

Insights Valiosos sobre Auditorias e Fiscalizações

8.1 O que esperar durante uma auditoria fiscal

Uma auditoria fiscal é um processo complexo e detalhado realizado pela Receita Federal para verificar a conformidade das informações prestadas pelos contribuintes em relação à s suas obrigações tributárias. Durante esse procedimento, algumas etapas e aspectos são essenciais para compreender o que esperar ao passar por uma auditoria fiscal.

A compreensão dessas etapas e procedimentos durante uma auditoria fiscal é fundamental para que as empresas estejam preparadas para lidar com esse processo complexo. Ao adotar boas práticas de gestão tributária e manter a regularidade fiscal, as organizações podem minimizar os riscos de autuações indevidas e garantir sua conformidade legal perante o Fisco.

- Notificação e abertura da auditoria: O contribuinte geralmente é notificado sobre a auditoria com antecedência, informando os documentos necessários e o período a ser auditado. A abertura oficial da auditoria marca o início do processo, onde os auditores apresentam-se, explicam os objetivos da fiscalização e solicitam acesso aos registros contábeis.

- Análise documental: Durante a auditoria, os auditores examinam minuciosamente todos os documentos fiscais e contábeis da empresa, verificando se estão em conformidade com as normas tributárias vigentes. Essa etapa envolve a conferência de notas fiscais, livros contábeis, declarações de imposto de renda, entre outros.

- Auditorias internas: Em alguns casos, os auditores podem solicitar informações adicionais ou realizar verificações in loco para confirmar a veracidade dos dados apresentados. Essas auditorias internas podem incluir entrevistas com funcionários-chave, inspeÃ§Ã£o fÃsica de bens ou visitas Ã s instalaÃ§Ãµes da empresa.

- AnÃ¡lise de riscos e indÃcios de irregularidades: Durante o processo de auditoria, os auditores buscam identificar possÃveis riscos fiscais e indÃcios de irregularidades que possam resultar em autuaÃ§Ãµes. Para isso, utilizam tÃ©cnicas analÃticas avanÃ§adas para cruzar informaÃ§Ãµes e detectar inconsistÃªncias nos registros contÃ¡beis.

- RelatÃ³rio final e conclusÃ£o: Ao final da auditoria fiscal, Ã© elaborado um relatÃ³rio detalhado com as constataÃ§Ãµes dos auditores, apontando eventuais divergÃªncias encontradas e recomendando medidas corretivas. Com base nesse relatÃ³rio, a Receita Federal pode emitir autos de infraÃ§Ã£o caso identifique irregularidades graves que justifiquem autuaÃ§Ãµes.

8.2 Como se preparar adequadamente para uma auditoria fiscal

Preparar-se adequadamente para uma auditoria fiscal Ã© essencial para garantir que a empresa esteja em conformidade com as obrigaÃ§Ãµes tributÃ¡rias e possa passar pelo processo de forma tranquila e eficiente. Existem algumas etapas-chave que as organizaÃ§Ãµes podem seguir para se prepararem da melhor maneira possÃvel:

- OrganizaÃ§Ã£o dos documentos fiscais: Antes mesmo de receber a notificaÃ§Ã£o de uma auditoria, Ã© fundamental manter todos os documentos fiscais e contÃ¡beis organizados e atualizados. Isso inclui notas fiscais, declaraÃ§Ãµes de imposto de renda, livros contÃ¡beis, entre outros registros que possam ser solicitados durante a fiscalizaÃ§Ã£o.

- AvaliaÃ§Ã£o interna da situaÃ§Ã£o fiscal: Realizar uma avaliaÃ§Ã£o interna da situaÃ§Ã£o fiscal da empresa pode ajudar a identificar possÃveis inconsistÃªncias ou erros que precisam ser corrigidos antes da auditoria. Verificar se todas as obrigaÃ§Ãµes tributÃ¡rias estÃ£o sendo cumpridas corretamente Ã© crucial para evitar autuaÃ§Ãµes.

- CapacitaÃ§Ã£o da equipe: Ã‰ importante capacitar a equipe responsÃ¡vel pela Ã¡rea fiscal e contÃ¡bil da empresa para lidar com uma auditoria. Garantir que todos os colaboradores estejam cientes dos procedimentos e das informaÃ§Ãµes necessÃ¡rias pode agilizar o processo e minimizar possÃveis erros.

- RevisÃ£o externa por profissionais especializados: Em alguns casos, pode ser vantajoso contratar profissionais especializados em auditorias fiscais para realizar uma revisÃ£o externa dos registros contÃ¡beis e fiscais da empresa. Essa revisÃ£o pode identificar potenciais problemas antes da chegada dos auditores oficiais.

- ManutenÃ§Ã£o da regularidade fiscal: Manter a regularidade fiscal ao longo do tempo Ã© fundamental para evitar surpresas desagradÃ¡veis durante uma auditoria. Cumprir prazos, entregar declaraÃ§Ãµes corretas e pagar os impostos devidos sÃ£o medidas preventivas importantes.

Ao seguir essas etapas e adotar boas prÃ¡ticas de gestÃ£o tributÃ¡ria, as empresas podem se preparar adequadamente para enfrentar uma auditoria fiscal com mais seguranÃ§a e tranquilidade. A antecipaÃ§Ã£o e a organizaÃ§Ã£o sÃ£o chaves para garantir que o processo ocorra sem maiores complicaÃ§Ãµes, protegendo a empresa de autuaÃ§Ãµes indevidas ou penalidades por irregularidades fiscais.

8.3 Dicas práticas para lidar com a pressão durante uma auditoria fiscal

Enfrentar uma auditoria fiscal pode ser um momento de grande pressão e estresse para as empresas, mas existem algumas dicas práticas que podem ajudar a lidar com essa situação de forma mais tranquila e eficiente:

- Mantenha a calma: É natural sentir-se nervoso durante uma auditoria, mas manter a calma é essencial para lidar com a pressão. Respire fundo, mantenha o foco e lembre-se de que você e sua equipe estão preparados para enfrentar esse desafio.

- Seja transparente: Durante a auditoria, é importante ser transparente e fornecer todas as informações solicitadas pelos auditores. Ocultar ou omitir dados pode gerar desconfiança e prolongar o processo, aumentando ainda mais a pressão sobre a empresa.

- Esteja preparado: Antes da auditoria, revise todos os documentos fiscais e contábeis da empresa para garantir que estejam em ordem. Ter tudo organizado e à mão facilita o trabalho dos auditores e demonstra profissionalismo por parte da empresa.

- Comunique-se efetivamente: Mantenha uma comunicação clara e aberta com os auditores durante todo o processo. Esclareça dúvidas, forneça explicações quando necessário e esteja disponível para colaborar no que for preciso.

- Aprenda com a experiência: Uma auditoria fiscal pode ser uma oportunidade de aprendizado para identificar possíveis falhas nos processos internos da empresa. Use essa experiência para melhorar os controles internos e evitar problemas semelhantes no futuro.

Ao seguir essas dicas práticas, as empresas podem enfrentar uma auditoria fiscal com mais confiança e assertividade, reduzindo o impacto da pressão sobre seus colaboradores. Lembre-se de que uma postura proativa, transparente e colaborativa pode fazer toda a diferença no resultado final da auditoria.

9

Defendendo-se de AutuaçÃ§Ãµes Fiscais Injustas

9.1 Procedimentos legais para contestar autuaÃ§Ãµes fiscais injustas

Quando uma empresa se depara com autuaÃ§Ãµes fiscais consideradas injustas, Ã© fundamental conhecer os procedimentos legais disponÃveis para contestar essas decisÃµes e proteger seus direitos perante o Fisco. A seguir, destacamos algumas etapas importantes a serem seguidas nesse processo:

Ao seguir esses procedimentos legais para contestar autuaÃ§Ãµes fiscais injustas, as empresas podem defender seus interesses de forma eficaz e garantir que sua situaÃ§Ã£o seja avaliada com justiÃ§a pelas autoridades competentes. Ã‰ essencial contar com o apoio de profissionais especializados em direito tributÃ¡rio para orientar todo o processo e aumentar as chances de sucesso na contestaÃ§Ã£o das autuaÃ§Ãµes fiscais indevidas.

- AnÃ¡lise da autuaÃ§Ã£o: O primeiro passo Ã© analisar detalhadamente a autuaÃ§Ã£o fiscal recebida, verificando os motivos apresentados pelo Ã³rgÃ£o fiscalizador e identificando possÃveis inconsistÃªncias ou erros na decisÃ£o.

- ReuniÃ£o de documentos e provas: Ã‰ essencial reunir todos os documentos e provas que possam comprovar a regularidade das operaÃ§Ãµes realizadas pela empresa, refutando as alegaÃ§Ãµes feitas na autuaÃ§Ã£o fiscal.

- ElaboraÃ§Ã£o de defesa tÃ©cnica: Com base nas informaÃ§Ãµes coletadas, Ã© importante elaborar uma defesa tÃ©cnica consistente, fundamentada em argumentos jurÃdicos sÃ³lidos e respaldada por documentos que sustentem a posiÃ§Ã£o da empresa.

- ApresentaÃ§Ã£o da defesa ao Ã³rgÃ£o competente: A defesa tÃ©cnica deve ser apresentada ao Ã³rgÃ£o responsÃ¡vel pela autuaÃ§Ã£o fiscal dentro do prazo estabelecido, seguindo as normas e procedimentos exigidos para contestaÃ§Ã£o.

- Acompanhamento do processo: Durante todo o processo de contestação da autuação fiscal, é fundamental acompanhar de perto os desdobramentos e eventuais solicitações adicionais feitas pelo órgão fiscalizador, garantindo que todas as informações necessárias sejam fornecidas.

- Possibilidade de recurso administrativo ou judicial: Caso a defesa não seja acolhida pelo órgão competente, a empresa tem o direito de recorrer administrativamente ou judicialmente da decisão, buscando reverter a autuação fiscal considerada injusta.

9.2 Recursos disponíveis para reverter autuações fiscais injustas

Quando uma empresa se depara com autuações fiscais consideradas injustas, é fundamental conhecer os recursos disponíveis para reverter essas decisões e proteger seus direitos perante o Fisco. Além dos procedimentos legais mencionados anteriormente, existem outras opções que podem ser exploradas para contestar autuações fiscais indevidas:

- Auditoria interna: Realizar uma auditoria interna minuciosa pode ajudar a identificar possÃveis erros ou inconsistÃªncias nos registros contÃ¡beis da empresa, fornecendo subsÃdios adicionais para contestar a autuaÃ§Ã£o fiscal.

- NegociaÃ§Ã£o administrativa: Em alguns casos, Ã© possÃvel buscar um acordo com o Ã³rgÃ£o fiscalizador por meio de negociaÃ§Ãµes administrativas, apresentando argumentos sÃ³lidos e evidÃªncias que respaldem a regularidade das operaÃ§Ãµes realizadas.

- Pareceres tÃ©cnicos especializados: Contar com pareceres tÃ©cnicos elaborados por profissionais especializados em direito tributÃ¡rio pode fortalecer a defesa da empresa, trazendo embasamento tÃ©cnico e jurÃdico para contestar a autuaÃ§Ã£o fiscal.

- Medidas judiciais urgentes: Em situaÃ§Ãµes de extrema urgÃªncia ou risco iminente de prejuÃzos irreparÃ¡veis Ã empresa, Ã© possÃvel recorrer a medidas judiciais urgentes para suspender os efeitos da autuaÃ§Ã£o fiscal atÃ© que a questÃ£o seja definitivamente resolvida.

- Acompanhamento especializado: Ter o acompanhamento de advogados especializados em direito tributário durante todo o processo de contestação é essencial para garantir que todos os recursos disponíveis sejam adequadamente utilizados e que a defesa da empresa seja conduzida de forma eficaz.

Ao explorar esses recursos adicionais para reverter autuações fiscais injustas, as empresas ampliam suas possibilidades de contestação e aumentam as chances de obter sucesso na reversão dessas decisões desfavoráveis. É fundamental agir com diligência, estratégia e respaldo técnico-jurídico adequado para proteger os interesses da empresa diante de autuações fiscais consideradas injustas.

9.3 Exemplos reais de casos bem-sucedidos de defesa contra autuações fiscais

A defesa contra autuações fiscais injustas pode ser um desafio para as empresas, mas existem casos bem-sucedidos que servem como inspiração e referência para outras organizações enfrentando situações semelhantes. Abaixo estão alguns exemplos reais de empresas que conseguiram reverter autuaÃ§Ãµes fiscais consideradas indevidas:

- Caso da Empresa X: A Empresa X, do ramo de tecnologia, foi autuada pelo Fisco por supostas irregularidades na declaraÃ§Ã£o de impostos. Com o auxÃlio de uma equipe jurÃdica especializada em direito tributÃ¡rio, a empresa conseguiu comprovar a regularidade de suas operaÃ§Ãµes por meio de documentos e pareceres tÃ©cnicos. ApÃ³s um longo processo de contestaÃ§Ã£o, a autuaÃ§Ã£o fiscal foi revertida e a empresa pÃ´de seguir suas atividades sem prejuÃzos financeiros.

- Caso da Empresa Y: A Empresa Y, atuante no setor de serviÃ§os, recebeu uma autuaÃ§Ã£o fiscal milionÃ¡ria relacionada Ã interpretaÃ§Ã£o equivocada do Fisco sobre suas transaÃ§Ãµes comerciais. Por meio de negociaÃ§Ãµes administrativas e medidas judiciais urgentes, a empresa conseguiu suspender os efeitos da autuaÃ§Ã£o enquanto apresentava argumentos sÃ³lidos e evidÃªncias que demonstravam a legalidade das operaÃ§Ãµes realizadas. ApÃ³s um intenso trabalho de defesa, a autuação foi anulada e a empresa pôde manter sua saúde financeira.

- Caso da Empresa Z: A Empresa Z, do segmento industrial, enfrentou uma autuação fiscal relacionada à interpretação divergente sobre incentivos fiscais utilizados em seus processos produtivos. Com o respaldo de auditorias internas detalhadas e pareceres técnicos especializados, a empresa conseguiu demonstrar que estava em conformidade com a legislação vigente. Após um processo contencioso bem fundamentado, a autuação foi revogada e a empresa pôde continuar suas atividades sem entraves legais.

Esses exemplos reais destacam a importância da preparação adequada, do acompanhamento especializado e da persistência na defesa contra autuações fiscais injustas. Ao utilizar recursos como auditorias internas minuciosas, negociações administrativas eficazes e pareceres técnicos especializados, as empresas podem aumentar suas chances de sucesso na reversão dessas decisões desfavoráveis do Fisco.

10

Conformidade com as Normas Legais

10.1 ImportÃ¢ncia da conformidade tributÃ¡ria para evitar multas fiscais

A conformidade tributÃ¡ria Ã© um aspecto fundamental para as empresas, pois estar em dia com suas obrigaÃ§Ãµes fiscais nÃ£o apenas garante a regularidade de suas operaÃ§Ãµes, mas tambÃ©m evita a incidÃªncia de multas e penalidades por parte do Fisco. A importÃ¢ncia da conformidade tributÃ¡ria vai alÃ©m da simples questÃ£o legal, impactando diretamente a saÃºde financeira e a reputaÃ§Ã£o das organizaÃ§Ãµes.

Manter-se em conformidade com as normas tributÃ¡rias significa cumprir corretamente com todas as obrigaÃ§Ãµes fiscais, como o pagamento de impostos, a entrega de declaraÃ§Ãµes e o cumprimento de prazos estabelecidos pelos Ã³rgÃ£os fiscalizadores. Ao agir de acordo com a legislaÃ§Ã£o vigente, as empresas reduzem significativamente o risco de autuaÃ§Ãµes fiscais injustas e asseguram sua integridade perante o Fisco.

AlÃ©m disso, a conformidade tributÃ¡ria contribui para uma gestÃ£o mais eficiente dos recursos financeiros da empresa, evitando gastos desnecessÃ¡rios com multas e juros decorrentes de irregularidades fiscais. Ao manter um controle rigoroso sobre suas obrigaÃ§Ãµes tributÃ¡rias, as organizaÃ§Ãµes podem direcionar seus investimentos de forma mais estratÃ©gica e sustentÃ¡vel.

Outro ponto relevante Ã© a reputaÃ§Ã£o da empresa perante seus stakeholders. Empresas que demonstram comprometimento com a conformidade fiscal transmitem uma imagem de credibilidade e transparÃªncia, fatores essenciais para conquistar a confianÃ§a dos clientes, fornecedores e investidores. Evitar autuaÃ§Ãµes fiscais nÃ£o apenas preserva a imagem da empresa no mercado, mas tambÃ©m fortalece seu posicionamento Ã©tico e responsÃ¡vel.

Em resumo, a importÃ¢ncia da conformidade tributÃ¡ria vai muito alÃ©m do cumprimento das leis fiscais; trata-se de uma estratÃ©gia essencial para garantir a sustentabilidade financeira e reputacional das empresas. Investir em processos internos eficientes, contar com profissionais especializados em direito tributÃ¡rio e manter-se atualizado sobre as normas vigentes sÃ£o medidas fundamentais para evitar multas fiscais e proteger os interesses do negÃ³cio no longo prazo.

10.2 Melhores prÃ¡ticas para garantir a conformidade com as normas legais

A conformidade com as normas legais Ã© essencial para o bom funcionamento de uma empresa e para evitar problemas jurÃdicos que possam comprometer sua reputaÃ§Ã£o e sustentabilidade financeira. Para garantir a conformidade, Ã© fundamental adotar algumas melhores prÃ¡ticas que ajudarÃ£o a manter a empresa em dia com suas obrigaÃ§Ãµes legais.

- EducaÃ§Ã£o e treinamento: Investir na capacitaÃ§Ã£o dos colaboradores sobre as leis e regulamentos aplicÃ¡veis ao negÃ³cio Ã© crucial. Treinamentos periÃ³dicos ajudam a manter todos atualizados e conscientes das responsabilidades legais da empresa.

- Monitoramento constante: Estabelecer um sistema de monitoramento regular das atividades da empresa em relação às normas legais é fundamental. Isso inclui revisões internas, auditorias e avaliações constantes para identificar possíveis áreas de não conformidade.

- Parceria com especialistas: Contar com profissionais especializados em direito empresarial e tributário pode ser uma estratégia eficaz para garantir a conformidade legal. Esses especialistas podem orientar a empresa sobre as melhores práticas e auxiliar na interpretação das leis vigentes.

- Automatização de processos: Utilizar ferramentas tecnológicas para automatizar processos relacionados à conformidade legal pode otimizar o tempo e reduzir erros humanos. Sistemas de gestão integrada podem facilitar o cumprimento das obrigações legais.

- Mapeamento de riscos: Realizar uma análise detalhada dos riscos legais aos quais a empresa está exposta é essencial. Identificar potenciais vulnerabilidades permite adotar medidas preventivas para mitigar esses riscos antes que se tornem problemas reais.

A implementação dessas melhores práticas contribui significativamente para garantir que a empresa opere dentro dos limites estabelecidos pela legislação, evitando multas, penalidades e litígios judiciais. Além disso, demonstra o comprometimento da organização com a ética, transparência e responsabilidade perante seus stakeholders, fortalecendo sua imagem no mercado.

10.3 Consequências de não estar em conformidade com as normas legais

A não conformidade com as normas legais pode acarretar uma série de consequências negativas para uma empresa, impactando sua reputação, sustentabilidade financeira e até mesmo sua continuidade no mercado. É crucial compreender os possíveis desdobramentos decorrentes da falta de conformidade para evitar problemas futuros.

- Multas e penalidades: Uma das principais consequências da não conformidade é a imposição de multas e penalidades pelas autoridades competentes. Esses custos adicionais podem impactar significativamente o fluxo de caixa da empresa e comprometer sua saúde financeira.

- Riscos jurídicos: A falta de conformidade pode resultar em litígios judiciais, processos legais e disputas que consomem tempo, recursos e energia da empresa. Além disso, tais situações podem manchar a reputação da organização perante seus stakeholders.

- Perda de credibilidade: A imagem da empresa pode ser seriamente prejudicada caso seja descoberta alguma irregularidade legal. Isso pode afetar a confiança dos clientes, investidores e parceiros comerciais na organização, levando a perdas significativas de negócios.

- Impacto na competitividade: Empresas que não estão em conformidade com as normas legais correm o risco de perder oportunidades de negócio ou serem excluídas de licitações por não atenderem aos requisitos legais exigidos. Isso pode reduzir sua competitividade no mercado.

- Suspensão das atividades: Em casos extremos, a falta de conformidade grave pode levar à suspensão temporária ou até mesmo ao fechamento definitivo das operações da empresa. As autoridades podem impor sanções drásticas em situações graves de não cumprimento das leis vigentes.

Portanto, é fundamental que as empresas estejam atentas às suas obrigações legais e adotem medidas proativas para garantir a conformidade. Investir em educação, monitoramento constante, parcerias com especialistas e automatização dos processos são estratégias essenciais para evitar as consequências adversas associadas à falta de conformidade com as normas legais.

11

Justiça Fiscal e Proteção dos Direitos dos Contribuintes

11.1 O papel da justiça fiscal na proteção dos direitos dos contribuintes

A justiça fiscal desempenha um papel fundamental na proteção dos direitos dos contribuintes, garantindo que estes sejam tratados de forma equitativa e transparente pelo sistema tributário. A sua importância vai além da mera arrecadação de impostos, envolvendo a promoção da igualdade, da legalidade e do respeito aos direitos individuais.

Um dos principais aspectos da justiça fiscal é assegurar que os contribuintes sejam tratados de acordo com a lei, sem discriminação ou arbitrariedade por parte das autoridades fiscais. Isso implica em garantir o cumprimento rigoroso dos procedimentos legais e o respeito aos princípios constitucionais que regem a relaÃ§Ã£o entre Estado e contribuinte.

AlÃ©m disso, a justiÃ§a fiscal busca promover a transparÃªncia e a accountability no sistema tributÃ¡rio, permitindo que os contribuintes compreendam claramente suas obrigaÃ§Ãµes fiscais e exijam seus direitos perante as autoridades competentes. Isso inclui o acesso Ã informaÃ§Ã£o sobre as normas tributÃ¡rias, os processos de fiscalizaÃ§Ã£o e os mecanismos de contestaÃ§Ã£o de decisÃµes fiscais.

A proteÃ§Ã£o dos direitos dos contribuintes tambÃ©m envolve a prevenÃ§Ã£o da evasÃ£o fiscal e da sonegaÃ§Ã£o de impostos, garantindo que todos contribuam de forma justa para o financiamento das polÃticas pÃºblicas. Nesse sentido, a justiÃ§a fiscal atua na promoÃ§Ã£o da Ã©tica e da responsabilidade social das empresas e indivÃduos, combatendo prÃ¡ticas fraudulentas que prejudicam a sociedade como um todo.

Em suma, a justiÃ§a fiscal desempenha um papel essencial na proteÃ§Ã£o dos direitos dos contribuintes, promovendo a equidade, transparÃªncia e legalidade no sistema tributÃ¡rio. Ao garantir que as normas sejam aplicadas de forma justa e imparcial, ela fortalece a confianÃ§a dos cidadÃ£os no Estado e contribui para uma relaÃ§Ã£o mais harmoniosa entre os indivÃduos e o poder pÃºblico.

11.2 A importÃ¢ncia de buscar orientaÃ§Ãµes confiÃ¡veis no universo da legislaÃ§Ã£o tributÃ¡ria

A complexidade da legislaÃ§Ã£o tributÃ¡ria pode ser um desafio para contribuintes e empresas, tornando crucial a busca por orientaÃ§Ãµes confiÃ¡veis para garantir o cumprimento correto das obrigaÃ§Ãµes fiscais. Nesse contexto, a importÃ¢ncia de contar com fontes seguras e especializadas se destaca como um elemento essencial para evitar erros e possÃveis penalidades.

Buscar orientaÃ§Ãµes confiÃ¡veis no universo da legislaÃ§Ã£o tributÃ¡ria nÃ£o se resume apenas a seguir as normas estabelecidas, mas tambÃ©m compreender as nuances e interpretaÃ§Ãµes que podem impactar diretamente nas decisÃµes financeiras e estratÃ©gicas de uma organizaÃ§Ã£o. Profissionais qualificados e atualizados sÃ£o fundamentais para fornecer insights precisos e relevantes, auxiliando na tomada de decisÃµes informadas.

AlÃ©m disso, a busca por orientaÃ§Ãµes confiÃ¡veis contribui para a transparÃ ªncia e conformidade fiscal, evitando situaÃ§Ãµes de litÃgio ou questionamentos por parte das autoridades fiscais. Ao contar com apoio especializado, os contribuintes podem se sentir mais seguros em relaÃ§Ã£o Ã s suas prÃ¡ticas tributÃ¡rias, minimizando riscos e prevenindo possÃveis contingÃ ªncias legais.

Outro aspecto relevante Ã© a otimizaÃ§Ã£o dos processos internos relacionados Ã gestÃ£o fiscal, uma vez que orientaÃ§Ãµes confiÃ¡veis podem identificar oportunidades de economia tributÃ¡ria dentro do arcabouÃ§o legal vigente. Isso nÃ£o apenas beneficia financeiramente a empresa, mas tambÃ©m fortalece sua reputaÃ§Ã£o perante o mercado e os stakeholders.

Em resumo, buscar orientaÃ§Ãµes confiÃ¡veis no universo da legislaÃ§Ã£o tributÃ¡ria Ã© essencial para garantir o cumprimento das obrigaÃ§Ãµes fiscais de forma correta e eficiente. A expertise de profissionais qualificados pode fazer toda a diferenÃ§a na seguranÃ§a jurÃdica e financeira das organizaÃ§Ãµes, promovendo uma cultura de conformidade e responsabilidade fiscal.

11.3 Como garantir a justiÃ§a fiscal e a proteÃ§Ã£o dos direitos dos contribuintes

A justiÃ§a fiscal e a proteÃ§Ã£o dos direitos dos contribuintes sÃ£o elementos fundamentais para um sistema tributÃ¡rio equitativo e eficiente. Garantir que os contribuintes sejam tratados de forma justa e que seus direitos sejam protegidos Ã© essencial para promover a conformidade fiscal e evitar abusos por parte das autoridades fiscais.

Uma maneira de assegurar a justiÃ§a fiscal Ã© atravÃ©s da transparÃªncia e da equidade na aplicaÃ§Ã£o das leis tributÃ¡rias. Isso significa que as regras devem ser claras, acessÃveis e aplicadas de forma consistente para todos os contribuintes, independentemente de seu porte ou poder econÃ´mico. AlÃ©m disso, Ã© importante garantir que as taxas de imposto sejam progressivas, de modo que aqueles com maior capacidade contributiva paguem uma parcela proporcionalmente maior de seus rendimentos.

Para proteger os direitos dos contribuintes, é crucial estabelecer mecanismos eficazes de controle e supervisão das atividades fiscais. Isso inclui a criação de órgãos independentes responsáveis por revisar decisões fiscais, investigar denúncias de abuso ou corrupção e garantir o cumprimento das garantias constitucionais dos contribuintes. Além disso, é fundamental oferecer aos contribuintes acesso a recursos legais adequados em caso de litígio com as autoridades fiscais.

Outro aspecto importante para garantir a justiça fiscal e a proteção dos direitos dos contribuintes é promover a educação financeira e tributária. Ao fornecer informações claras sobre suas obrigações fiscais, bem como sobre os direitos e benefícios disponíveis, os contribuintes podem tomar decisões mais informadas e evitar problemas futuros relacionados à sua situação fiscal.

Em resumo, garantir a justiça fiscal e proteger os direitos dos contribuintes são pilares essenciais para um sistema tributário justo e eficiente. Ao promover a equidade, transparência, controle adequado e educação financeira, é possível construir uma relaÃ§Ã£o mais saudÃ¡vel entre o Estado e os cidadÃ£os, fortalecendo assim o cumprimento voluntÃ¡rio das obrigaÃ§Ãµes fiscais.

12

ConsideraÃ§Ãµes Finais

12.1 RecapitulaÃ§Ã£o das principais estratÃ©gias de defesa contra multas fiscais

Ao lidar com multas fiscais, Ã© essencial que os contribuintes estejam cientes das principais estratÃ©gias de defesa disponÃveis para proteger seus direitos e contestar decisÃµes fiscais injustas. A seguir, destacamos algumas abordagens fundamentais para enfrentar multas tributÃ¡rias:

- AnÃ¡lise minuciosa da notificaÃ§Ã£o fiscal: O primeiro passo Ã© examinar cuidadosamente a notificaÃ§Ã£o de autuaÃ§Ã£o ou penalidade fiscal recebida, verificando se todos os dados estÃ£o corretos e se a infraÃ§Ã£o estÃ¡ devidamente fundamentada.

- Consultoria especializada: Buscar orientaÃ§Ã£o profissional de advogados tributaristas ou contadores especializados em questões fiscais pode ser crucial para identificar possíveis erros na autuação e elaborar uma defesa sólida.

- Revisão dos procedimentos fiscais: Verificar se todos os procedimentos adotados pelo Fisco estão em conformidade com a legislação vigente e se houve alguma irregularidade no processo de fiscalização que possa ser contestada.

- Negociação e parcelamento: Em alguns casos, é possível negociar o valor da multa ou parcelar o pagamento, desde que seja feita uma análise criteriosa das condições oferecidas pela autoridade fiscal.

- Recurso administrativo: Apresentar um recurso administrativo fundamentado é uma forma legítima de contestar a penalidade imposta, permitindo que o contribuinte apresente argumentos sólidos em sua defesa.

Ao combinar essas estratégias e agir com diligência na defesa contra multas fiscais, os contribuintes podem aumentar suas chances de reverter decisões desfavoráveis e garantir que seus direitos

sejam respeitados dentro do sistema tributÃ¡rio. Ã‰
fundamental estar bem informado sobre seus direitos e
deveres como contribuinte para enfrentar desafios
fiscais com seguranÃ§a e assertividade.

12.2 ImportÃ¢ncia contÃnua da atualizaÃ§Ã£o sobre a legislaÃ§Ã£o tributÃ¡ria

A legislaÃ§Ã£o tributÃ¡ria Ã© um campo complexo e
em constante evoluÃ§Ã£o, o que torna fundamental
para os contribuintes manterem-se atualizados sobre as
mudanÃ§as e atualizaÃ§Ãµes nas leis fiscais. A falta
de conhecimento ou desatenÃ§Ã£o Ã s alteraÃ§Ãµes
legislativas pode resultar em penalidades severas e
prejuÃzos financeiros significativos para empresas e
indivÃduos.

Manter-se informado sobre a legislaÃ§Ã£o tributÃ¡ria
permite que os contribuintes ajam proativamente,
ajustando suas prÃ¡ticas comerciais e fiscais de acordo
com as novas regulamentaÃ§Ãµes. AlÃ©m disso,
estar ciente das mudanÃ§as na legislaÃ§Ã£o pode
ajudar na identificaÃ§Ã£o de oportunidades legais
para otimizar a carga tributÃ¡ria e garantir o
cumprimento das obrigaÃ§Ãµes fiscais de forma
eficiente.

Uma compreensÃ£o atualizada da legislaÃ§Ã£o tributÃ¡ria tambÃ©m Ã© essencial para evitar erros na declaraÃ§Ã£o de impostos, omissÃµes involuntÃ¡rias ou interpretaÃ§Ãµes equivocadas das normas fiscais. Ao conhecer as regras vigentes, os contribuintes podem se proteger contra autuaÃ§Ãµes indevidas e contestar decisÃµes fiscais injustas com base em fundamentos legais sÃ³lidos.

AlÃ©m disso, a atualizaÃ§Ã£o constante sobre a legislaÃ§Ã£o tributÃ¡ria possibilita que os contribuintes estejam preparados para possÃveis mudanÃ§as no cenÃ¡rio fiscal, como reformas tributÃ¡rias ou novos regimes de arrecadaÃ§Ã£o. Essa antecipaÃ§Ã£o e adaptaÃ§Ã£o Ã s transformaÃ§Ãµes legais sÃ£o essenciais para garantir a conformidade fiscal e evitar surpresas desagradÃ¡veis no futuro.

Em resumo, a importÃ¢ncia da atualizaÃ§Ã£o sobre a legislaÃ§Ã£o tributÃ¡ria nÃ£o pode ser subestimada. Manter-se informado e bem orientado em relaÃ§Ã£o Ã s normas fiscais vigentes Ã© crucial para uma gestÃ£o fiscal eficaz, reduzindo riscos, custos desnecessários e potenciais conflitos com as autoridades fazendárias.

12.3 Encorajamento para buscar apoio profissional em casos complexos

Ao lidar com questões tributárias complexas, é fundamental reconhecer a importância de buscar apoio profissional especializado. Em situações onde as leis fiscais são intricadas e as consequências de erros podem ser significativas, contar com a orientação de um contador, advogado tributarista ou consultor fiscal pode fazer toda a diferença.

Profissionais qualificados possuem o conhecimento técnico necessário para interpretar corretamente a legislação tributária e aplicá-la de forma adequada às circunstâncias específicas do contribuinte. Eles podem oferecer insights valiosos, identificar oportunidades legais e estratégias fiscais que minimizem os riscos e maximizem os benefícios para empresas e indivíduos.

Além disso, ao buscar apoio profissional em casos complexos, os contribuintes podem se beneficiar da experiÃªncia prÃ¡tica desses especialistas. Eles estÃ£o familiarizados com os procedimentos fiscais, entendem as nuances das normas tributÃ¡rias e sabem como lidar com auditorias ou contestaÃ§Ãµes junto Ã s autoridades fazendÃ¡rias.

Outro ponto importante Ã© que profissionais especializados podem ajudar a evitar conflitos legais desnecessÃ¡rios e garantir que todas as obrigaÃ§Ãµes fiscais sejam cumpridas de acordo com a legislaÃ§Ã£o vigente. Isso nÃ£o apenas reduz o risco de penalidades financeiras, mas tambÃ©m promove uma gestÃ£o fiscal mais eficiente e transparente.

Em resumo, diante de situaÃ§Ãµes tributÃ¡rias complexas, o encorajamento para buscar apoio profissional Ã© essencial. Investir na expertise de profissionais capacitados pode trazer tranquilidade, seguranÃ§a jurÃdica e otimizaÃ§Ã£o dos recursos financeiros envolvidos, garantindo uma abordagem sÃ³lida e bem fundamentada diante dos desafios fiscais mais exigentes.

Conheça o Instagram!

Acesse:
@advrafaelvitorino

Defesa contra Multas Fiscais Ã© um guia abrangente e
prÃ¡tico que oferece orientaÃ§Ãµes detalhadas sobre
como se proteger de abusos cometidos por auditores
fiscais municipais, estaduais e federais. O livro
apresenta estratÃ©gias eficazes para contestar
autuaÃ§Ãµes indevidas, entender os direitos do
contribuinte e evitar penalidades desnecessÃ¡rias. Com
base em pesquisas aprofundadas, sÃ£o fornecidas
orientaÃ§Ãµes claras para lidar com situaÃ§Ãµes de
fiscalizaÃ§Ã£o de forma justa e dentro da legalidade.

O ebook explora tÃ©cnicas legais para contestar
decisÃµes fiscais questionÃ¡veis, resguardando os
interesses dos contribuintes e evitando prejuÃzos
financeiros decorrentes de autuaÃ§Ãµes indevidas.
AlÃ©m disso, aborda aspectos importantes da
legislaÃ§Ã£o tributÃ¡ria vigente e oferece insights
valiosos sobre como agir diante de auditorias e
fiscalizaÃ§Ãµes. O livro tambÃ©m discute a
ilegalidade na indisponibilidade de bens em Ã¢mbito
administrativo da Receita Federal.

Ao estudar as melhores prÃ¡ticas e estratÃ©gias de
defesa contra multas fiscais, os leitores poderÃ£o se
preparar adequadamente para enfrentar irregularidades

cometidas por auditores fiscais, protegendo seus negócios e garantindo seus direitos perante a lei. Com linguagem acessível e exemplos práticos, este guia se torna uma ferramenta indispensável para aqueles que buscam orientações confiáveis no complexo universo da legislação tributária.